KB013170

완벽하지 않은 우리에게

Prologue

문장수집가 다섯 번째 이야기 'Soul Mate'는 우정이라고
정의 내리기에는 아쉬운 이들의 문장과 이야기를 담았습니다.

당신의 삶엔 누가 함께 해왔나요?
삶에 꼭 필요한 것이 있다면 사람과 사람 사이의
인연이 아닐까 합니다.

태어났을 때부터 정해진 인연이 가족이라면, 살아가며 삶을
변화시키고 새로운 자극과 영감을 주고받는 인연은 친구,
즉 '우정의 감정'일 것입니다. 누군가는 친구가 셀 수 없이 많고,
누군가는 단 한 명의 진정한 친구를 두고 있을 수 있습니다.
또는 친구는 불필요한 것이라고 냉소적으로 말하는 이도 존재합니다.

오늘날 '우정'은 단순히 친구라고 규정짓기에는 그보다 큰 의미를
지니고 있습니다. 친분 이상의 무언가, 연인 간의 사랑, 사제 간의 존경심,
혹은 자주 만나는 직장 동료 간의 동지애일 수 있습니다.
어쩌면 그 대상은 꼭 사람이 아닐 수 있으며,
자신의 내면에서 파생된 존재가 되기도 합니다.

우리의 삶을 비춰주는 우정의 문장이 하나의 친구가 되어
당신의 삶에 함께 하길 바랍니다.

$A \mid \acute{e}$

Prologue

문장수집가 사용법

1.
당신의 삶에 스쳐간 인연들을 떠올리며, 책장을 펼쳐 보세요.

지금은 지나간 아쉬운 인연이 있나요? 어린 시절 친구,
같이 일했던 동료, 갑자기 연락이 소원해진 친구 등,
좋았던 인연과 평생을 함께할 수 있다면 이상적이겠지만,
저마다의 사연으로 그렇지 못한 경우가 많아요.
접어 뒀던 그때의 추억을 떠올려 보세요.

2.
문장 속, 그들의 모습을 상상해 보세요.

존경 어린 시선으로 바라보던 명사들의 문장을 통해,
그들과 함께한 친구의 모습을 상상해 보세요. 조금은 인간적인 우리와
닮은 면모를 발견하고는 이내 당신 주위의 누군가를 떠올리게
될 거예요. 그 친구에게 안부를 전해보는 것 어떨까요?

3.
'친구'라는 단어로 한정 짓지 마세요.

"우정은 가장 높은 형태의 사랑이다"라는 키케로의 말처럼,
우정의 대상은 누구나 될 수 있어요. 심지어 사랑하는 반려동물과의
감정 또한 우정의 한 형태가 될 수 있답니다. 언제나 새로운
시각으로 당신의 인연을 이어 나가 보세요.

Prologue

HOW TO USE

4.
당신의 마음을 울린 문장을 공유해 보세요.

인간관계에 힘들어하고 있다면, 혹은 그런 사람이 주위에 있다면,
인상 깊은 문장 한 구절을 적어 마음을 전해보세요.
당신과의 추억을 함께 공유한다면, 우정의 소중함과 가치를
다시 깨달을 수 있을 거예요.

5.
책장을 덮고, 당신의 모습을 상상해 보세요.

'진정한 친구'를 바라보는 시선은 모두가 다를 수밖에 없어요.
몇몇 문장을 통해 당신만의 '진정한 친구'의 역할을 정의했다면,
당신은 어떤 친구가 되고 싶은지 한번 고민해 보고
실천해 보는 것 어떨까요?

More preci
and go
more preci
and int
it is fr
that has ma

s than fame
d wine,
s than love
igence,
ndship
e me happy.

Hermann Hesse, 1877–1962

명성이나 좋은 술, 사랑이나 지성보다도 더 귀하고 나를 행복하게 해준 것은 우정이다.
헤르만 헤세, 시인·화가·소설가, 1877–1962

True friendship consists not in the multitude of friends, but in their worth and value.

Ben Jonson, 1572–1637

진정한 우정은 친구들의 수가 아니라 그 가치와 소중함에 있다.
벤 존슨, 극작가·시인, 1572–1637

"Be
slow
in choosing
a friend,

slower in
changing."

Benjamin Franklin, 1706–1790

친구를 고르는 데는 천천히, 친구를 바꾸는 데는 더 천천히.
벤자민 프랭클린, 작가·사상가, 1706–1790

If a man does not make
new acquaintances
as he advances through life,
he will soon find himself alone.
A man should keep his friendships
in constant repair.

Samuel Johnson, 1709-1784

만약 사람이 살면서 새 친구를 사귀지 않는다면, 곧 홀로 남게 될 것이다.
사람은 우정을 계속 보수해야 한다.
사무엘 존슨, 시인·평론가, 1709-1784

To like and dislike the same things, that is indeed true friendship.

Sallust, BC 86-34

같은 것을 놓고 좋아하고 싫어하는 것, 그것이 바로 진정한 우정이다.
살루스트, 역사가·정치가, BC 86-34

Friendship is certainly the finest balm
for the pangs of disappointed love.

Jane Austen, 1775–1817

우정은 실연의 상처를 치유하는 최고의 치료제다.
제인 오스틴, 소설가, 1775–1817

Friendship is the highest form of love.

Cicero, BC 106–43

우정은 가장 높은 형태의 사랑이다.

키케로, 정치가·저술가, BC 106-43

"Never explain
to anyone.
Because the person
who likes you
doesn't need it,
and the person
who dislikes
you won't believe it."

Elbert Hubbard, 1856–1915

설명하지 마라. 친구라면 설명할 필요가 없고, 적이라면 어차피 당신을 믿으려 하지 않을 테니까.

엘버트 허버드, 사상가·작가, 1856–1915

"I always like to
know everything about
my new friends ,
and nothing about my
old ones."

Oscar Wilde, 1854–1900

나는 언제나 새 친구들에 대한 모든 것을 알고 싶으며, 옛 친구들에 대해서는 아무것도 알고 싶지 않다.
오스카 와일드, 시인·극작가, 1854–1900

Everyone
wants to
ride with you
in the limo,

but what
you want is someone
who will take
the bus with you
when the limo
breaks down.

Oprah Winfrey, 1954~

여러분과 리무진을 타고 싶어하는 사람은 많겠지만, 정작 여러분이 원하는 사람은
리무진이 고장났을 때 같이 버스를 타 줄 사람입니다.
오프라 윈프리, 방송인, 1954~

William Blake, 1757~1827

It is easier to forgive
an enemy than
to forgive a friend.

친구를 용서하는 것보다 적을 용서하는 것이 더 쉽다.
윌리엄 블레이크, 화가·시인, 1757~1827

WE ARE KNOWN ONLY BY FRIENDS WE LOVE.

William Shakespeare, 1564–1616

우리는 사랑하는 친구들에 의해서만 알려진다.
윌리엄 셰익스피어, 극작가·시인, 1564–1616

Animals are such agreeable friends.

They ask no questions,

they pass no criticisms.

George Eliot, 1819~1880

동물은 정말 유쾌한 친구다. 질문도 비판도 하지 않으므로.

조지 엘리엇, 소설가·시인, 1819~1880

Friendship is a plant of slow growth and must undergo and withstand the shocks of adversity before it is entitled to the appellation.

George Washington, 1732–1789

진실한 우정이란 느리게 자라나는 나무와 같다. 우정이라는 이름을 얻으려면 몇 번의 고통을 이겨내야 한다.

조지 워싱턴, 정치인, 1732–1789

Every time I paint a portrait I lose a friend.

John Singer Sargent, 1856–1925

초상화를 그릴 때마다 나는 친구를 하나씩 잃는다.
존 싱어 사전트, 화가, 1856–1925

In prosperity
our friends know us;

**in adversity
we know our friends.**

John Churton Collins, 1848–1908

풍요 속에서는 친구들이 나를 알게 되고, 역경 속에서는 내가 친구를 알게 된다.
존 철튼 콜린스, 평론가, 1848–1908

My friends,

Coco Chanel, 1883–1971

there are no friends.

내 친구들이여, 세상에 친구란 없다네.
코코 샤넬, 디자이너·사업가, 1883-1971

無友不如己者

Have no friends
not equal to yourself.

Confucius, BC 551−479

자기보다 못한 자를 벗으로 삼지 말라.

공자, 정치가·시인, BC 551−479

The only way
to have a friend is
to be one.

Ralph Waldo Emerson, 1803–1882

친구를 얻는 유일한 방법은 친구가 되어 주는 것이다.
랄프 왈도 에머슨, 사상가·시인, 1848–1908

예술과 인생의
절대적인 운명 공동체

©Whanki Foundation•Whanki Museum

김환기 & 김향안

"사랑이란 믿음이다.
믿지 않으면 사람은 서로 사랑할 수 없다.
믿는다는 것은 서로의 인격을 존중하는 거다.
곧 지성(知性)이다."

김향안, 『월하의 마음』

"조국이 더 큰 거라면 사랑하는
사람은 조국이기도 해.
애인과 조국은 분리할 수 없는
불가분한 것이 아닐까?"

김환기, 『어디서 무엇이 되어 다시 만나랴』

자연을 주 소재로 시 정신을 노래하며 한국 미술사에 한 획을 그은 '김환기' 화백. 그와 함께 언급되는 이름 '김향안'. 그녀의 본명은 '변동림'이다. 그녀의 집안에서 세 명의 아이가 있는 이혼남이었던 김환기를 반대했기에 이들의 시작은 순조롭지만은 않았다. 당시 시대상을 고려해 보았을 때, 이런 서사의 결론은 대개 못다한 가슴 아픈 사랑 이야기일 법하다. 하지만, 지금 들어도 충격적인 행보가 이어지는데, 변동림은 자신의 이름을 버리고 김환기 화백의 아호 '향안'으로 개명하여 그와 부부의 연을 맺게 된다.

김향안은 그의 예술성을 누구보다 깊이 이해하였고, 그가 예술에만 전념할 수 있도록 물심양면 도와왔다. 1955년 그녀는 김환기보다 한 해 먼저 파리에 가게 된다. 여러 이유가 있었지만, 주목적은 자신의 미술이 세계적인 수준에 비춰보았을 때 어디쯤 있는지 고민하는 남편, 김환기 화백을 위해서였다. 당시 프랑스 문화예술계는 내부 서클로 들어가기 위해 부단한 노력이 필요했기에 그녀는 그곳에서 미술평론을 배우며 언어 공부에 집중한다. 더 나아가 그가 더 넓은 세상을 경험할 수 있도록 파리에 삶의 터전을 다지고 그의 아틀리에까지 마련한다. 이에 1년 뒤 김환기는 아내를 따라 파리로 떠난다. 파리에서의 4년은 그가 예술적 본질이 되는 자신의 뿌리를 확인하고, 동시에 점(點)선(線)면(面)을 추상적으로 활용하여 자연의 원형을 담기 시작한 때이다. 이들의 동행은 세계 예술의 중심지 뉴욕으로 이어진다. "선(線)인가? 점(點)인가? 선보다는 점이 개성적인 것 같다. 점들이 모여 형태를 상징하는 그런 것들을 시도하다. 이런 걸 계속해 보자." 1968년 1월, 뉴욕 작업실에서

그는 고국에 보내는 편지에 "나는 아내에게 하숙하고 있는 셈이다."라고 말할 정도로 아내로부터 다방면적인 지원을 받았고, 그에게 김향안은 인생의 반려인이자 영원한 예술의 동반자였다. 반대로 그는 그녀의 인생을 아름다운 것으로 채워 주었다. 먹고 살기에도 쉽지 않았던 시절, 두 사람의 생활은 그림 작업 틀을 부숴 땔감으로 써야 할 만큼 힘겨울 때도 있었다. 하지만 이 둘은 졸리면 자고 일어나면 일을 하고 따분해지면 함께 산보하는 지극히 평범하고 자연스러운 일상으로 하루를 채웠고, 이것이 그들을 행복하게 했다.

하루에 많게는 16시간씩 방대한 양의 작업을 이어가던 김환기는 1974년 뉴욕에서 갑작스레 뇌출혈로 생을 마감한다. 하지만 김향안 그녀의 여정은 여기서 끝나지 않는다. 생의 마지막까지 그의 작품을 정리하고, 전시를 준비하며 남은 생을 보낸다. 그리고 당신과의 소중한 추억이 담긴 성북동 옆에 환기미술관을 짓는다. 오랜 벗이자, 돕는 배필이었던 이들은 사는 동안 서로를 바라보았고 자신들이 살아가는 세상을 바라보았다. 머나먼 타지에서도 조국을 걱정하고 그리워하며, 어떻게 하면 우리의 것을 지킬 수 있는지 또 더 나은 방향으로 나아갈 수 있는지 고민했다.

누군가 우정의 가장 고차원적인 형태는 사랑이라 말한 기억이 스친다. 흘러가는 시간이 아까워 그림을 그리지 않을 수 없었던 김환기 화백, 그런 그를 전적으로 믿고 돕기를 마다하지 않은 김향안 여사. 십수 년이 흐른 지금까지도 이들이 많은 이들의 귀감이 되어 끊임없이 회자되는 것은 왜일까? 물론 뛰어난 예술정신이 있었지만, 그 기저에 자신의 모든 것을 건네줄 만큼의 믿음과 사랑이 자리해 있었기 때문 아닐까. 이들이 몸소 보여준 사랑의 방식, 한 사람으로 태어나 잘 사랑한다는 것이 어떤 것인지 어렴풋이 알 것도 같다.

Words by. 하수민

참고 도서
김환기, 『어디서 무엇이 되어 다시 만나랴』, 환기미술관, 2005
김향안, 『월하의 마음』, 환기미술관, 2005
정현주, 『우리들의 파리가 생각나요』, 예경, 2015

김환기&김향안

Think not those faithful
who praise all your words
and actions;

but those who kindly reprove your faults.

Socrates, BC 470 –399

모든 언행을 칭찬하는 자보다 결점을 친절하게 말해주는 친구를 가까이 하라.

소크라테스, 철학자, BC 470 –399

I'm so happy
because
today

I found my
friends-they're
in my head.

Kurt Cobain, 1967 –1994

나는 오늘 친구들을 찾아서 너무 행복하다. 그들은 내 머릿속에 있다.
커트 코베인, 싱어송라이터, 1967 –1994

We're Born Alone, We Live Alone, We Die Alone.

Only Through Our Love and Friendship Can We Create the Illusion for the Moment That We're Not Alone.

Orson Welles, 1915–1985

우리는 홀로 태어나서 홀로 살아가며 홀로 죽는다. 오직 사랑과 우정만이 우리가 혼자가 아니라는 환상을 불러올 수 있다.
오슨 웰스, 영화감독, 1915–1985

*An enduring friendship
is the greatest of all possessions,
but people often don't realize
its value.*

Francois de la Rochefoucauld, 1613-1680

변치 않는 우정이란 모든 재산 가운데에서도 가장 으뜸이지만 사람들은 보통 그것의 가치를 제대로 알지 못한다.

프랑수아 드 라 로슈푸코, 작가, 1613-1680

You can make more friends in

two months by being interested
in other people than you can in

two years by making other
people interested in you.

Dale Breckenridge Carnegie, 1888–1955

2년간 다른 사람이 당신에게 관심을 갖게 만들어 사귄 것보다
2달 동안 다른 사람에게 관심을 가져 더 많은 친구를 사귈 수 있다.
데일 카네기, 작가, 1888–1955

It's a lot

You only have

as the ecosyst

and you only

friends as y

the bi

Randy K. Milholland, 1999–

e nature.
many animals
n can support
ave as many
can tolerate
ing of.

이것은 자연과 많이 비슷하다. 생태계가 유지할 수 있는 만큼 많은 동물을 가질 수 있듯이,
당신이 불평을 참아낼 수 있는 만큼 많은 친구를 가질 수 있다.
랜디 K 멀홀랜드, 코믹 작가, 1999 –

A good friend can tell you
what the matter with you
is in a minute. He may not
seem such a good friend
after telling.

Arthur Brisbane, 1864-1936

좋은 친구는 일 분 안에 당신의 문제가 무엇인지 말해줄 수 있다. 말한 후에는 좋은 친구로 보이지 않을 수도 있다.
아서 브리즈번, 언론인, 1864-1936

Our critics are Our friends; They show us Our faults.

Benjamin Franklin, 1706 –1790

우리의 비평가들은 우리의 친구들이다. 그들은 우리에게 우리의 잘못을 보여주기 때문이다.
벤자민 프렝클린, 사상가·작가, 1706 –1790

I've learned that
all a person has in life is
family and friends.
If you lose those,
you have nothing.

Trey Parker, 1967 –1994

인생에서 인간이 가질 수 있는 모든 것은 가족과 친구라는 것을 알게 되었다. 이들을 잃게 되면 당신에겐 아무것도 남지 않는다.
트레이 파커, 감독·싱어송라이터, 1969 –

IF YOU WOULD WIN A MAN TO YOUR CAUSE, FIRST CONVINCE HIM THAT YOU ARE HIS TRUE FRIEND.

Abraham Lincoln, 1809~1865

만약 누군가를 당신의 편으로 만들고 싶다면, 먼저 당신이 그의 진정한 친구임을 확신시켜라.
에이브러햄 링컨, 정치인, 1809~1865

"FRIEN[

A SLOW[

Aristoteles, BC 384–322

FR[

SHIP IS
RIPENING
IT.

우정은 천천히 익어가는 열매와도 같다.
아리스토텔레스, 철학자·물리학자, BC 384~322

Ali-ibn-Abi-Talib, AD 599 –661

He who has thousand
friends has not a friend
to spare, And he who
has one enemy will
meet him everywhere.

천명의 친구가 있어도 의지할 친구 하나 없고, 한 명의 적이 있어도 어딜가나 그를 만나게 될 것이다.
알리 이븐 아비 탈리브, 이슬람 지도자, AD 599 – 661

Get not your friends by bare compliments, but by giving them sensible tokens of your love.

Socrates, BC 470–399

사탕 발린 칭찬이 아닌 분별 있는 애정의 증표로 친구를 사귀어라.
소크라테스, 철학자, BC 470–399

Look at market fluctuations as your friend rather than **your enemy.**

Warren Buffett, 1930 –

주가 변동을 적으로 보지말고 친구로 보라.
워런 버핏, 기업인·투자가, 1930 –

*There's a clear process
for making friends,
and it involves talking and
listening for hours on end,
every time.*

Rebecca West, 1892–1983

사람이 친구를 사귀는 데는 분명한 과정이 하나 있는데,
매번 몇 시간에 걸쳐 이야기를 하고 이야기를 들어주는 것이다.
레베카 웨스트, 작가, 1892–1983

Friendship
Make
Prosperity
More
Shining and
Lessens
Adversity

By
Dividing
and
Sharing it.

우정이란 나눔과 공유를 통해 우리의 성공을 빛나게 하고, 고난을 덜어 주는 것이다.
키케로, 철학자·문필가, BC 106-43

Nothing makes the earth seem so spacious as to have friends at a distance; they make the latitudes and longitudes.

Henry David Thoreau, 1817–1862

멀리 있는 친구만큼 세상을 넓어 보이게 하는 것은 없다. 그들은 위도와 경도가 된다.

헨리 데이비드 소로우, 사상가, 1817–1862

The ornament of a house is the friends who frequent it.

Ralph Waldo Emerson, 1803–1882

집을 가장 아름답게 꾸며주는 것은 자주 찾아오는 친구들이다.

랄프 왈도 에머슨, 사상가·시인, 1848–1908

우정과 삶의
영광을 꿈꾼 동지애

폴 세잔 & 에밀 졸라

*"It's the wind of time blowing
around our heads, no one is to blame,
not even ourselves; the fault lies
in the times in which we live."*

"우리 머릿속에 부는 시간의 바람이며, 누구도,
심지어 우리 자신도 탓할 수 없다.
잘못은 우리가 살고 있는 시대에 있다."

*"Whatever your failings,
whatever your errings,
for me you'll always
be the same ..."*

"네가 실패하든, 실수를 하든
나에게 너는 항상 그대로다."

Émile Zola to Paul Cézanne Paris, March 25 1860
폴 세잔에게 에밀 졸라. 1860년 3월 25일, 파리.

남프랑스의 한 마을, 엑상프로방스에 살던 두 소년은 그림 그리기와 글쓰기를 좋아하여 시골 마을을 산책하며 함께 시를 쓰고 그림을 그리곤 했다. 서로가 서로의 가장 친한 친구이자 경쟁자이며, 인생의 동반자로 30여 년을 지내다 훗날 각자의 위치에서 이름을 알리게 된다. 이는 문학 예술계의 두 거장인 폴 세잔과 에밀 졸라의 이야기인데, 재밌게도 어릴 적 졸라의 그림 실력이 세잔의 것보다 좋게 평가받았으며, 반대로 세잔의 글솜씨가 졸라의 것보다 좋은 평가를 받았다고 한다. 서로를 경외하면서도 경쟁심을 느끼며, 함께 살아간 그들은 얄궂은 감정과 운명으로 아쉽게도 끝이 좋지 못했지만, 서로 인생에 올바른 길을 만들어 준 인생에 빼놓을 수 없는 아름다운 우정이 아니었을까.

에밀 졸라는 파리에 살다가 세잔이 살고 있는 낯선 시골 마을로 이사 오게 된다. 그는 유난히 작고 왜소한 데다 말까지 더듬는 바람에 다른 아이들에게 괴롭힘을 당하기 일쑤였다. 세잔은 아이들의 놀림을 받던 졸라를 도와주었고, 그 일을 계기로 졸라와 어울리며 우정을 이어 나가게 된다. 졸라는 고마움의 표시로 자신의 집에 있던 사과를 세잔에게 건네게 되는데, 훗날 바로 그 사과가 계기가 되어 폴 세잔의 그림에서 빼놓을 수 없는 중요한 오브제가 된다. 세잔은 사과를 주제로 한 그림으로 대표적인 인상주의 화가로 인정받는다. 그뿐만 아니라, 세잔의 풍경화 속 종종 등장하는 함께 그림을 그리고 있는 인물에는 그 시절 졸라와 자신의 추억이 투영되어 있다.

세잔은 어릴 적부터 화가를 꿈꿨다. 상대적으로 부유한 환경에서 자란 세잔은 아버지의 뜻대로 법률을 공부했지만, 화가의 꿈은 포기하지 않았다. 세잔은 생애 내내 아버지의 뜻에 힘들어하며 심적으로 지쳐있던 것으로 보인다. 초기작의 어둡고 우울한 색채를 통해 그의 우울감을 유추해 볼 수 있다. 반면, 에밀 졸라는 아주 어린 시절부터 글쓰기를 자신의 소명으로 여겼다. 경제적인 여건 탓에 대학에 지망했지만, 두 차례 떨어진 후에는 곧바로 시인으로서 준비를 시작했다. 그는 어머니와의 생계를 위해 출판사에 입사하게 된다. 서로의 길을 응원하며, 두 사람은 자주 편지를 주고받았다. 주로 예술에 대한 이야기를 나누곤 했는데, 점차

파리 생활에 적응하며 출판사에서 퇴사한 이후 졸라는 먼저 『테레즈 라캥』이라는 소설로 자연주의 작가로서 명성을 얻게 된다. 졸라는 세잔에게 파리에 와 그림 그리기에 집중할 것을 끊임없이 독려했다. 그렇게 세잔은 아버지의 완강한 반대에도 불구하고 졸라의 격려에 힘입어 파리에서의 유학 생활을 보낼 수 있었다.

세잔은 빛과 색채를 주로 연구하며, 정물화로 예술의 순수성을 보여주고 싶었고, 졸라는 비평가로 활동했을 정도로 정치, 사회, 예술을 아우르는 사회적 문제에 관심이 많았다. 졸라는 현실 세태를 보지 못하는 세잔의 태도가 답답하기만 할 뿐이었다. 둘의 견해 차이는 점차 우정에 균열을 만들었다. 게다가 졸라의 1886년 작 『작품 L'Œuvre』이 결정적 계기가 되었다. 졸라는 글의 주인공으로 심적으로 불안하고, 재능 없는 실패한 화가의 모습을 묘사했다. 세잔은 이를 보고 자신의 비밀을 이용하고 자신을 조롱한 것으로 생각해 편지로 절연을 선언했고, 30년이 넘은 둘의 우정은 그렇게 끝이 나게 된다. 둘은 어린 시절부터 같은 것을 보며 함께 자랐지만, 타고난 기질의 차이는 그 둘의 우정을 아슬아슬하게 만들었다.

우리는 예술가들의 남겨진 작품을 통해 그들의 성격을 유추할 수 있다. 하지만 예술가가 아닌 인간으로서 폴 세잔과 에밀 졸라를 진정으로 바라보고 이해하기 위해서는 그들을 가장 애정 어리게 지켜봐 온 친구이자 삶의 동반자가 필요하다. 둘은 꿈이 충만했던 어린 시절을 함께한 만큼 서로의 비밀과 약점을 가장 잘 알고 있었을 것이며, 그렇기에 가장 상처를 주기도 쉬웠을 거라 짐작해본다.

나를, 우리를 가장 잘 알고 있는 사람은 의외로 나 자신도 아닌 항상 곁에 있는 다른 누군가이다. 이 글을 읽는 독자들도 당신의 옆의 동반자에게 아낌없는 응원과 애정을 줄 수 있길 바란다.

Words by 조은나래

Paul Cézanne, <Le Barrage de François Zola>, C.1879

폴 세잔&에밀 졸라

We dreamed of friendship, love and glory together.

Nous avions l'amitié, nous rêvions l'amour et la gloire.

Emile Zola, 1840–1902

우리는 함께 우정을 꿈꿨고, 사랑과 영광을 꿈꾸었다.
에밀 졸라, 작가, 1840–1902

39
Collection

PROSPERITY MAKES FRIENDS, ADVERSITY TRIES THEM.

Publilius Syrus, BC 85−43

성공은 친구를 만들고, 역경은 친구를 시험한다.
퍼블릴리어스 사이러스, 작가·시인, BC 85−43

Do not purchase friends by gifts; when thou ceasest to give, such will cease to love.

Thomas Fuller, 1608 –1661

선물로 친구를 사지 마라. 선물을 주지 않으면 그 친구의 사랑도 끝날 것이다.

토마스 폴러, 성직자·역사가, 1608 –1661

My friend isn't

In fact, that mea

That's why we g

erfect.

neither am I.

along so well.

Alexander Pope, 1688-1744

나의 친구는 완벽하지 않다. 사실 그것은 나도 마찬가지다. 그래서 우리는 너무나 잘 맞는다.
알렉산드라 포프, 시인·비평가, 1688-1744

I counsel you, my friends; distrust all in whom the impulse to punish is powerful!

Friedrich Wilhelm Nietzsche, 1844–1900

충고하건대 친구들이여, 남을 벌하려는 충동이 강한 자들 모두를 경계하라!
프레드리히 니체, 철학가, 1844–1900

Friends
Have
All Things
In Common.

Platon, BC 428 –348

친구는 모든 것을 나눈다.
플라톤, 철학자, BC 428 –348

A faithful friend
is a strong defense;
And he that hath found him
hath found a treasure.

Louisa May Alcott, 1832–1888

충실한 친구는 강력한 방어막입니다; 그를 찾은 사람은 보물을 찾은 것입니다.
루이자 메이 올컷, 소설가, 1832–1888

I HOLD THIS TO BE THE
HIGHEST TASK OF A BOND
BETWEEN TWO PEOPLE:
THAT EACH SHOULD
STAND GUARD OVER THE
SOLITUDE OF THE OTHER.

Rainer Maria Rilke, 1875-1926

서로가 상대방의 고독을 지켜주는 것은 두 사람 사이의 유대감에서 가장 중요한 임무입니다.
라이너 마리아 릴케, 시인, 1875-1926

Our friends seldom profit us
but they make us feel safe...
Marriage is a scheme to
accomplish exactly that same end.

Henry Louis Menckent, ,1880 –1956

친구 덕분에 이득을 얻는 일은 별로 없지만, 안도감은 얻을 수 있다.. 결혼도 바로 이와 같은 목적을 위해 이루어진다.
헨리 루이스 멩켄, 평론가, 1880 –1956

We secure our friends not by accepting favors but by doing them.

Tucydides, BC 465~400

친구를 얻는 방법은 친구에게 부탁을 들어달라고 하는 것이 아니라, 내가 부탁을 들어주는 것이다.

투키디데스, 역사가, BC 465~400

The concept of friends in modern life is not grand. Even if we don't get along well, we could be friends when we repeatedly meet. Friendship arises according to the same, repetition, and speed rather than deep understanding or homogeneity of any ideology. Lee O-young, 1934 –2022

현대 생활에서 친구가 따로 있는 것은 아니다. 마음이 맞지 않아도 자주 되풀이해서 만나게 되면 친구가 된다. 깊은 이해나 어떤 이념의 동질성보다는 동일, 반복, 속도에 따라서 우정이라는 게 생겨난다.

이어령, 문화평론가·언론인·저술가, 1934 –2022

FRIENDS ARE AN
ECHO OF
MY CALLING.

Beopjeong, 1932–2010

친구란 나의 부름에 대한 메아리다.
법정 스님, 승려·수필가, 1932–2010

A friendship founded on business

is better than a business founded on friendship.

John D. Rockefeller, 1839–1937

Don't walk in front of me...
I may not follow.

Don't walk behind me...
I may not lead.

Walk beside me...
just be my friend.

Albert Camus, 1913 –1960

내 앞에서 걸어가지 마십시오... 나는 따라갈지 모릅니다. 나의 뒤를 따라오지 마십시오...
나는 이끌지 않을 수도 있습니다. 그냥 내 옆에 걷고 친구가 되어주세요.
알베르 카뮈, 작가•언론인, 1913 –1960

A friend is someone who knows all about you and still loves you.

Elbert Hubbard, 1856–1915

친구란 나에 대해 모든 것을 알고 있으면서도 여전히 나를 사랑하는 사람입니다.
엘버트 허버드, 작가, 1856–1915

FRIENDSHIP IS THE HARDEST THING
IN THE WORLD TO EXPLAIN.
IT'S NOT SOMETHING YOU LEARN
IN SCHOOL.

BUT IF YOU HAVEN'T
LEARNED THE MEANING
OF FRIENDSHIP, YOU REALLY
HAVEN'T LEARNED.

Muhammad Ali, 1942–2016

우정은 세상에서 가장 설명하기 어려운 것이다. 학교에서 배우는 것은 아니지만,
우정의 의미를 배우지 못했다면 진정으로 배웠다고 할 수 없다.
무하마드 알리, 권투선수, 1942–2016

No person is your friend
who demands your
silence, or denies your
right to grow.

Alice Walker, 1994–

침묵을 요구하거나 성장을 부정하는 사람은 당신의 친구가 아니다.
앨리스 워커, 작가·시인·운동가, 1994–

Let us learn to show our friendship for a man when he is alive and not after he is dead.

F. Scott Fitzgerald, 1896–1948

살아있을 때 우리의 우정을 보여주는 법을 배우자. 죽은 후가 아니라.
F. 스콧 피츠제럴드, 소설가, 1896–1948

IT IS WISE TO APPLY THE
OIL OF REFINED POLITENESS
TO THE MECHANISMS
OF FRIENDSHIP.

Sidonie Gabrielle Colette, 1932–1963

우정이라는 기계에 잘 정제된 예의라는 기름을 바르는 것이 현명하다.

시도니 가브리엘 콜레트, 작가, 1932–1963

사랑하는 연인에서
오래 남을 인연으로

버지니아 울프 & 비타 색빌웨스트

"*Please write your novel,
then you'll come into the improbable
world, the world I live in,
and the poor woman can't live
anywhere else anymore.*"

Virginia Woolf, <My Vita, My Virginia>

"부디 당신 소설을 써, 그러면 당신도 사실
같지 않은 세계, 내가 사는 그 세계에 들어오게 될 테니,
그 불쌍한 여자는 더 이상 다른 곳에서는 살 수도 없지."

"*I said, 'Admire you.'
But I meant 'Love you'.
Maybe I was afraid of being ignored.*"

Vita Sackville-West <My Vita, My Virginia>

"내가 '존경한다'고는 했었죠.
하지만 내 말의 의미는 '사랑한다'였어요.
난 그냥, 무시당할까봐 겁이 났나 봐요."

손가락 움직임 몇 번이면 근황을 전할 수 있는 요즘, 직접 편지로 써서 기다림과 그리움의 이야기를 건넸던 게 언제였던가. 여기 무려 20년간 서신을 주고받으며 서로의 인생에 깊은 흔적을 남긴 두 작가가 있다. 20세기 최고의 작가이자 자기 자신을 위한 글을 쓴 버지니아 울프, 그리고 세계 곳곳을 다니며 당대 영국 사회의 모습을 글로 풀어낸 비타 색빌웨스트가 바로 그들이다.

버지니아 울프는 이렇게 말한다. "나는 영국에서 쓰고 싶은 것을 쓸 자유를 누리는 유일한 여성이다." 20세기 당시 영국은 여성 인권이라는 개념 자체가 전무할 때이다. 여성으로서 학교에 다닐 수도, 혼자 외출하는 것도 어려웠을 만큼 성차별이 만연했다. 버지니아는 1882년 태어나 문학적으로 조예가 깊은 부모님 아래서 세상의 이야기를 보고 들으며 예술적 자유를 누릴 수 있었다. 그녀는 영국 지식인 집단 '블룸즈버리'에 속해 문화적 교류를 하며 자신만의 방식으로 남녀 정체성에 대한 견해, 남성 중심 문화에 관해 이야기한다. 그리고 이곳에서 만난 지인의 소개로 그녀가 진정으로 사랑했던 유일한 사람, 비타 색빌을 마주하게 된다.

이들이 처음 만난 건 1922년 어느 겨울이었다. 비타가 리치먼드에 위치한 울프 부부의 출판사 호가스 하우스에 방문하였는데, 이때 서로를 향한 강한 끌림을 느낀다. 비타 색빌, 그녀는 영국 귀족 가문에서 태어나 사교계 중심축에 있던 인물이었다. 외교관 해럴드 니컬슨과 결혼하였지만, 이들은 서로의 성적 취향을 받아들여 개방적인 결혼생활을 이어오고 있었다. "어떤 인간이건 한 성에서 다른 성으로 전환하고, 남성이나 여성의 모습을 유지해 주는 것은 단지 의상."이라 말하며, 남성 옷을 입거나 직접 차를 운전하기도 하면서 정면으로 사회적 관념에 맞섰다.

이후 이들은 계속하여 서신을 주고받는다. 존칭을 쓰며, 상대를 향한 솔직한 감정을 표하는 모습이 어느 시작하는 연인의 대화와도 같다. 당시 버지니아는 과거 트라우마로 인해 정서적으로 불안한 상태였지만, 비타가 그녀에게 큰 힘이 되어준다. 이 시기에 두 사람의 대표작이 다수 출간되었는데, 현재까지도 페미니스트 고전으로 주목을 받는 버지니아의 『올랜도』도 비타를 모델로 하여

이때 쓰인 소설이다. 문학적 동지였던 이들의 사랑은 점점 더 깊어졌고 버지니아의 남편 레너드 울프도 사랑하는 아내에게 정서적으로 힘이 되어주는 이 관계를 지지해 주었다. 훗날 그녀는 한평생 자신을 있는 그대로 바라봐 준 레너드에게 "저는 당신에게 내 인생의 모든 것을 빚졌어요. 내게 한결같이 인내하면서 언제나 친절했고, 저를 구할 수 있는 사람은 오직 당신이었어요. 그걸 모든 사람들이 알아주었으면 좋겠어요."라는 말을 남긴다.

버지니아와 비타, 이들은 버지니아가 1941년 자신의 생을 마치기까지 서로 사랑했다. 불같던 연애는 끝이 났지만, 그 자리에는 견고한 우정이 남아있었다. 인생의 중반부에 만나 다른 누구도 아닌 자신을 위해, 또 서로를 위해 글을 쓰며 예술 세계를 펼쳤던 두 사람. 이들이 주고받은 매혹적인 서신, 정제되지 않은 언어로 된 이야기가 모여 또 하나의 문학이 되었다. 있는 그대로의 나 자신에게 솔직하고 서로에게 충실했던 두 작가의 이야기는 오늘날 우리를 돌아보게 한다. '성'의 개념을 떠나, 같은 인간의 몸을 하고 태어나 상대를 존중하고 대화를 통해 상호 신뢰를 쌓아가는 것이 그 무엇보다 중요해진 때이다. 그런 의미에서 소통을 위해 쓰고 읽는 것에 들이는 시간이 빚어내는 가치는 버지니아와 비타에게도 그러했듯 지금 우리에게도 여전히 존재한다. Words by 하수민

참고 도서
『나의 비타, 나의 버지니아』, 큐큐, 박하연 옮김, 2022
『비타와 버지니아』, 뮤진트리, 세라 그리스트우드, 2020

버지니아 울프&비타 색빌웨스트

FRIEN
IS BORN AT
WHEN ONE MAN

"WHAT! Y
I THOUGHT T
BUT MY

C.S. Lewis, 1898–1963

HIP ...
HE MOMENT
AYS TO ANOTHER

J TOO?
AT NO ONE
ELF .."

우정은 ... 한 사람이 다른 사람에게 "뭐라고? 너도 그래? 나만 그런 줄 알았는데.."라 말하는 순간 탄생한다.

C. S. 루이스, 작가, 1898-1963

The best mirror is an old friend.

George Herbert, 1593-1633

최고의 거울은 오랜 친구입니다.
조지 허버트, 종교시인, 1593-1633

NO
FRIENDSHIP
IS AN
ACCIDENT.

O Henry, 1862 –1910

그 어떠한 우정도 우연은 아니다.

오 헨리, 소설가, 1862 –1910

TRUST
NO FRIEND
WITHOUT FAULTS,

AND LOVE
A WOMAN,
BUT NO ANGEL.

Doris Lessing, 1919-2013

결점 없는 친구는 믿지 말고, 여자는 사랑하되 천사는 사랑하지 마세요.
도리스 레싱, 소설가, 1919-2013

Life is an awful,
ugly place
TO NOT HAVE
A BEST FRIEND.

Sarah Dessen, 1970 –

인생은 친구 없이 지내기엔 끔찍하고 추한 곳이다.
사라 데센, 소설가, 1970 –

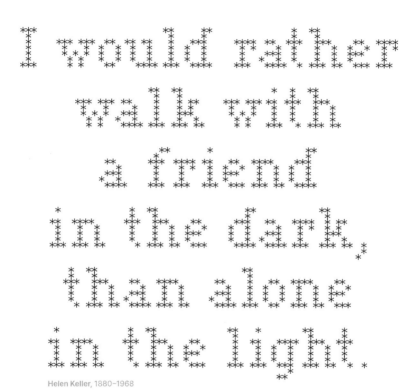

I would rather
walk with
a friend
in the dark,
than alone
in the light.

Helen Keller, 1880–1968

빛 아래서 혼자 걷는 것보다 어둠 속에서 친구와 함께 걷는 것이 낫습니다.
헬렌 켈러, 사회가, 1880–1968

She is a friend of my mind.
She gather me, man.
The pieces I am,
she gather them and
give them back to me
in all the right order.

Toni Morrison, 1931–2019

그녀는 내 마음의 친구입니다. 그녀는 나를 모아줍니다.
내가 있는 조각들을 모아서 올바른 순서로 내게 돌려주죠.
토니 모리슨, 소설가, 1931–2019

It is not often that someone comes along who is a true friend and a good writer.

E.B. White, 1899–1985

진정한 친구이자 좋은 작가가 되는 사람은 흔치 않습니다.

E.B. 화이트, 동화작가, 1899–1985

When a become own bes life is ea

Diane Von Furstenberg, 1946–

woman
her
t friend,
sier.

내가 나의 가장 친한 친구가 될 때 삶은 더 쉬워집니다.
다이앤 본 퍼스텐버그, 패션디자이너, 1946-

A FRIEND
IS SOMEONE WHO
GIVES YOU
TOTAL FREEDOM
TO BE YOURSELF.

Jim Morrison, 1943–1971

친구란 나 자신이 될 수 있는 완전한 자유를 주는 사람입니다.
짐 모리슨, 가수, 1943–1971

FRIENDSHIP IS
EVERYTHING.
FRIENDSHIP IS
MORE THAN TALENT.
IT IS MORE THAN
THE GOVERNMENT.
IT IS ALMOST THE
EQUAL OF FAMILY.

Mario Puzo, 1920~1999

우정이 가장 중요합니다. 우정은 재능 그 이상입니다. 정부 그 이상입니다. 거의 가족이나 다름없습니다.
마리오 푸조, 작가, 1920~1999

Friends are the

Jess C Scott, 1986–

mily you choose.

친구는 당신이 선택한 가족입니다.
제스 스콧, 소설가, 1986-

음악으로 이어진
라이벌이자 존경의 관계

쇼팽 & 리스트

*"I feel like stealing
his way of playing my pieces."*

"내 곡을 연주하는 그의 방식을 훔치고 싶은 심정이다."

Frédéric Chopin from a letter to Ferdinand Hiller
페르디난드 힐러에게 보낸 쇼팽의 편지 중에서

쇼팽과 리스트, 리스트와 쇼팽 지금에 이르러 누가 먼저랄 것 없이 피아노곡의 발전에 있어 역사적 인물로 꼽히는 이들이다. 음악사적으로 큰 업적을 남긴 두 사람의 만남은 대중들에게 먼저 연주 실력을 인정받은 리스트가 무명의 연주자였던 쇼팽의 연주에 반하게 되며 시작된다. 리스트는 쇼팽의 실력을 알아보고, 그의 실력을 알리기 위해 어쩌면 쇼팽 자신보다 많은 노력을 기울인 인물이다. 헝가리에서 나고 자란 리스트는 파리에 옮겨간 후, 많은 예술인들과의 모임을 통해 친분을 유지해 갔으며, 다양한 예술문화에 심취했다. 그러던 중 쇼팽의 피아노 연주가 눈에 들어와 그의 파리 정착을 돕게 된다. 쇼팽은 폴란드에서 태어나 7살, 어린 나이에 폴란드의 정서를 담은 '폴로네이즈'를 발표하며 신동이라 불렸다. 폴란드는 러시아의 지배 아래 불안한 정세에 있었기 때문에 폴란드의 무곡인 폴로네이즈에는 애국심과 민족정신이 담겨있었다. 쇼팽은 20살, 당시 성공을 꿈꾸며 음악의 중심지였던 오스트리아 빈으로 향했지만 좌절하고 파리로 이주하게 된다. 그 무렵 파리에서 리스트를 포함한 예술가들과 교류하기 시작한다.

쇼팽은 살롱과 같은 소수의 조용하고 차분한 분위기에서 연주하기를 좋아했다. 그는 생애 동안 대중 공연을 거의 하지 않았다. 자신이 대중에게 영향을 주는 사람이 아님을 스스로 너무 잘 알고 있었다. 반면 리스트는 무대 위의 쇼맨십을 아는 사람이었다. 그 이전의 피아니스트들이 건반 위에서만 움직일 때, 그는 어깨와 팔로 연주의 강렬함을 보여주었다. 오케스트라 연주만이 존재하던 시절, 최초의 피아노 독주회인 '리사이클'을 창시한 인물이기도 하다. 리스트는 쇼팽에 대한 살롱에서의 소수의 열광이 그에게 충분치 않음을 알고 있었다. 쇼팽도 애써 포장했지만, 자신의 나약함이 서서히 자신을 갉아먹고 있다는 것을 알았을지 모른다. 쇼팽은 자신을 떠들썩한 세상으로 끌어줄 모든 인맥을 피했지만, 자신과 뜻이 맞는 사람과는 예외였다.

리스트는 그런 쇼팽에게 기회를 마련해준 은인이었다. 리스트의 피아노 리사이틀 중 있었던 일로, 암흑 속에서 연주된 아름다운 선율이 끝이 나고 무대의 불이 커지자 생소한 얼굴의 연주자인 쇼팽

이 등장했던 일화가 있다. 대중의 편견 없이 쇼팽의 실력을 알릴 수 있는 리스트의 영리한 아이디어였는데, 실제로 이 사건 이후 쇼팽은 파리에 천재 음악가로서 이름을 알리게 된다. 하지만 그 둘의 우정은 서로의 연인으로 인해 방해받게 된다. 집착이 심했던 리스트의 부인은 쇼팽의 연인과의 사이조차 의심했고, 둘을 이간질하기에 이른다. 게다가 쇼팽이 연인과의 첫사랑에 실패하게 되면서 크게 낙심하게 된다. 리스트는 이혼 후, 뒤늦게 쇼팽과의 화해를 원했지만 이미 쇼팽이 세상을 떠난 후였다. 리스트는 진심으로 그의 죽음을 슬퍼했다.

친구이자 라이벌, 애증의 관계였던 둘의 서사는 쇼팽이 젊은 나이에 사망한 뒤에도 끊이지 않았다. 사실 리스트는 그 누구보다 쇼팽의 순수함을 사랑하고 존경했다. 결론적으로 쇼팽의 살롱엔 그 시대의 고귀하고 빼어난 지성인들만이 모여 그의 '순수한 예술성'을 한층 더 신성시하는 결과를 만들었음은 분명하다. 리스트는 쇼팽보다 37년을 더 살며 그의 전기를 첫 번째로 집필하기 시작한다.

사람들의 감각을 사로잡는 화려한 연주력이 리스트의 강점이었다면, 쇼팽은 사람들의 마음을 울리는 시적인 작곡가였다. 둘의 성향과 음악에 대한 태도는 달랐지만, 유럽의 변방국에서 태어나 낯선 타지에 정착해 살아간다는 공통된 결핍을 가지고 있었다. 둘은 서로에게 없는 장점을 알아보며, 선의의 라이벌로서 동시대에 활약을 이어갔다.

쇼팽을 시인이라 칭했던 리스트는 대중에게 알려진 자신감 넘치고 거리낌 없는 모습과는 달리, 쇼팽을 만나 음악적으로 자극을 받고 섬세한 교류를 한 것으로 보인다. 그가 고국의 문화에 관심을 가지고 폴로네이즈를 작곡한 것 역시 쇼팽의 영향이라 해석될 수 있다.

둘 사이의 관계는 사실 정확히 '우정'이었다 규정지을 순 없다. 아마 음악이 아니었다면 둘은 평생 만날 일 없는 아예 다른 부류의 사람이었을지 모른다. 혹자는 둘을 친구 이상의 관계로 또는 그저 라이벌로 그리기도 하지만, 나는 둘의 관계를 '존경' 이라는 단어로 해석하고 싶다. 사람과 사람을 잇는 데는 수많은 이유가 있지만, 피아노 선율로 이어진 둘의 우정은 서로의 음악적 신념을 마구 할퀴면서도 뒤에서는 누구보다 서로를 사랑했다. 그들의 선율은 역사에 남아 아름답게 그려졌다.

Words by 조은나래

쇼팽&리스트

He experienced
the singular pleasure of
watching people
he loved fall in love with
other people he loved.

Hanya Yanagihara, 1974–

그는 자신이 사랑하는 사람들이 자신이 사랑하는 다른 사람들과
사랑에 빠지는 것을 지켜보는 특별한 기쁨을 경험했습니다.
한야 야나기하라, 소설가·편집자, 1974–

A FRIEND
MAY BE WAITING
BEHIND A
STRANGER'S FACE.

Maya Angelou, 1928-2014

낯선 사람의 얼굴 뒤에 친구가 기다리고 있을 수도 있습니다.
마야 안젤루, 시인·영화배우, 1928-2014

Your friends
will know
you better in the
first minute
you meet than
your acquaintances
will know you in a
thousand years.

Richard Bach, 1936 –

천 년 동안 당신을 알고 있는 지인보다 처음 만난 순간 친구가 된 사람이 당신을 더 잘 알 것입니다.

리처드 바크, 소설가, 1936 –

What is a friend?
A single soul dwelling in two bodies.

Aristoteles, BC 384–322

친구란 무엇인가? 두 개의 몸에 깃든 하나의 영혼이다.
아리스토텔레스, 철학자·물리학자, BC 384–322

Close friends are truly
life's treasures.
Sometimes they know
us better than
we know ourselves.

Vincent van Gogh, 1853-1890

친한 친구는 진정한 인생의 보물입니다. 때때로 그들은 우리 자신보다 우리를 더 잘 알기도 합니다.
빈센트 반 고흐, 예술가, 1853-1890

However
rare true love may be,
it is less so than
true friendship.

Albert Einstein, 1879–1955

진정한 사랑은 아무리 드물어도 진정한 우정보다는 덜합니다.

알버트 아인슈타인, 물리학자, 1879~1955

My old grandmother
always used to say,

"Summer friends
will melt away like
summer snows,

But winter friends are
friends forever".

George R.R. Martin, 1948-

우리 할머니는 항상 "여름 친구는 여름 눈처럼 녹아 없어지지만 겨울 친구는 영원히 친구"라고 말씀하셨습니다.

조지 R.R. 마틴, 작가, 1948-

Cutting People Out of Your Life is Easy,

Keeping Them in is Hard.

Walter Dean Myers, 1937-2014

당신의 삶에서 사람들을 배제하는 것은 쉽지만 관계를 계속 유지하는 것은 어렵습니다.
월터 딘 마이어, 동화작가, 1937-2014

IT'S NOT LOVE OR ANYTHING, BUT I THINK I LIKE YOU, TOO.

Chuck Palahniuk, 1962 –

사랑 같은 건 아니지만 저도 당신을 좋아하는 것 같아요.
척 팔라닉, 소설가, 1962–

There is no happiness like that of being loved by your fellow creatures, and feeling that your presence is an addition to their comfort.

Charlotte Brontë, 1816-1855

반려동물에게 사랑받고, 자신의 존재가 동물에게 위안을 준다는 느낌을 받는 것만큼 행복은 없습니다.

샬롯 브론테, 소설가, 1816-1855

Good Friends
and a Sleepy
This is the Id

Mark Twain, 1835 – 1910

Good Books,
Conscience:
al Life.

좋은 친구, 좋은 책, 그리고 평안한 양심은 이상적인 삶의 요소다.
마크 트웨인, 소설가, 1835-1910

A friend you can call at 4 am is an invaluable friend.

Marlene Dietrich, 1901–1992

새벽 4시에 전화를 걸 수 있는 친구라면 중요한 친구이다.

마를렌 디트리히, 영화배우·가수, 1901–1992

"I'm not like everyone else."

"No, you're better than everyone else."

from movie <The Eighth Day>, 1996

"난 다른 사람과 달라." "아니야, 넌 다른 사람보다 나아."
영화 <제8요일> (1996) 중에서

If you care about somebody,
you should want them to be happy.
Even if you wind up being left out.

Stephen Chbosky, 1970-

누군가를 소중히 여긴다면 그 사람이 행복해지기를 바라야 합니다. 설령 내가 소외되더라도 말이죠.

스티븐 크보스키, 영화감독, 1970-

I ask you to judge me by the enemies I have made.

Franklin D. Roosevelt, 1882–1945

제가 만든 적으로 저를 판단해 주시길 부탁드립니다.
프랭클린 루스벨트, 정치인, 1882–1945

I don't trust people
who say they have
a lot of friends.
It's a sure sign
that they don't
really know anyone.

Carlos Ruiz Zafón, 1964~2020

친구가 많다고 말하는 사람들을 믿지 않습니다. 정말 아는 사람이 없다는 확실한 신호니까요.
카를로스 루이스 사폰, 작가, 1964~2020

Friendship is
It is the highe
where nothi
no conditic
simply en

Osho Rajneesh, 1931–1990

e purest love.
form of Love
is asked for,
where one
ys giving.

우정은 가장 순수한 사랑입니다.
우정은 아무것도 요구하지 않고 조건 없이 그저 베푸는 것을 즐기는 가장 높은 형태의 사랑입니다.
오쇼 라즈니쉬, 작가·강연가, 1931–1990

A Real Friend is One Who Walks in When the Rest of The World Walks Out.

Walter Winchell, 1897–1972

진정한 친구는 다른 모든 사람들이 떠날 때 찾아와주는 사람이다.

월터 윈첼, 언론인, 1897–1972

friends are honest with each other. even if the truth hurts.

Sarah Dessen, 1970–

친구는 서로에게 솔직합니다. 진실이 아프더라도요.

사라 데센, 소설가, 1970–

Time doesn't take
away from friendship,
nor does separation.

Tennessee Williams, 1911–1983

시간은 우정을 앗아가지 않으며, 이별도 우정을 앗아가지 않습니다.
테네시 윌리엄스, 희곡작가, 1911–1983

OPENS TUESDAY MAY 4

GEORGE GRIZZARD
PAT HINGLE
PIPER LAURIE
MAUREEN STAPLETON

THE FIRST BROADWAY PRODUCTION OF
TENNESSEE WILLIAMS'

THE
GLASS
MENAGERIE

한 시대의 상징적인
디자이너 커플

Aino and Alvar Aalto in the studio in the Aalto House, Riihitie, Helsinki in 1941.

© Aarne Pietinen

아이노 알토 & 알바 알토

"A shared vision cannot stand in the way of love, let alone replace it—rather the two can complement each other in a noble, beautiful way."

"두 사람이 그려간 미래는 사랑만으로 유지되거나,
사랑을 대체하지 않았으며, 오히려 더욱 고귀하고
아름다운 방식으로 서로를 완성해갔다."

From 『A Life Togrther』 by Aalto Alanen
알토 알만의 『A Life Togrther』 중에서

스툴의 기본 '알토 스툴'을 만든 이이자, 북유럽 핀란드를 대표하는 건축가. 디자이너 알바 알토의 디자인은 그의 이름만으로도 부연 설명이 필요 없을 정도의 상징성을 지닌다. 그 수많은 유명세 뒤에는 여자라는 이유로 잘 알려지지 않은 '아이노 알토'가 있었다. 아이노 알토는 그의 첫 번째 부인으로, 알바 알토와 함께 핀란드의 대표 가구 브랜드인 '아르텍 Artek'을 설립한 인물이자, 당대 핀란드의 가장 유명한 디자이너 중 한 명이었다. 알바가 헬싱키에서 일자리를 찾는 것에 실패한 후, 자신의 고향에서 개인 스튜디오를 막 설립했을 무렵, 아이노는 그보다 1년 먼저 공과대학을 졸업해 스튜디오에서 일을 하며, 유명 건축가들과 교류를 통해 커리어를 쌓아가고 있었다. 20세기 중반, 그녀는 소수의 여성 건축가였으며, 강인하고 독립적인 성향의 여성이었다. 하지만 당대 여성으로서는 독립된 오피스를 가지기 어려운 현실이었기 때문에 다음 해 알토를 만나 결혼과 함께 그의 스튜디오에서 함께 동업을 하게 된다. 아이노와 알바는 현대 디자인을 사회 인문학적인 시선으로 바라보며, 모더니즘의 개념을 재정의한 최고의 듀오였지만, 그녀가 남편에 비해 알려지지 못했던 건 어쩌면, 여자라는 이유보다 두 사람이 늘 함께였기 때문일지도 모르겠다.

　알바 알토의 그늘에 가려 있어 사람들에게 알려지지 않았지만 아이노는 인테리어 디자인과 오브제 디자인에 관심이 많아, 건축학 공부와 함께 가구 공방에서 일을 배웠다. 재료에 대한 아이노의 전문적인 지식과 유리에 대한 관심은 추후, 알토 듀오의 상징적인 물결 디자인에 큰 역할을 했다. 현재까지도 많이 사랑받는 유리 회사 '이딸라 littala'와의 협업으로 탄생한 '삐에브릭 유리잔 시리즈'와 '알토 화병'에도 역시 그녀의 감각이 묻어난다. 이딸라의 유리잔 중 하나는 '아이노 알토'라는 명칭으로 쓰일 정도로 현재까지도 영향력 있는 인물로 기억되며, 그녀의 곡선적인 디자인에 영감을 받은 다른 제품을 쉽게 찾아볼 수 있다. 아이노가 알바의 건축물의 인테리어를 담당하는가 하면, 같은 프로젝트를 함께 진행하면서도 각자의 프로젝트에 소홀하지 않았다. 두 사람은 심지어 같은 대회에 참가해 경쟁을 할 정도였다.

그녀가 추구한 아름다움과 실용성이 시대를 초월한 아르텍 가구 스타일을 만들어 낸 데 큰 역할을 한 것만은 분명한 사실이다.

　1935년, 알토 부부는 아트콜렉터 마이레 쿨리셴 Maire Gullichsen, 미술 비평가 닐스 구스타브 할 Nils-Gustav Hahl과 함께 가구 회사, 아르텍을 설립하며 세계적인 명성을 얻게 된다. 아이노는 뛰어난 리더십으로 아르텍의 디자인 디렉터로 일하며 회사의 비지니스까지 담당했고, 알바는 '가구를 건축의 일부로 보는 것'을 알리는 데 힘썼다. 알토 부부의 시너지가 만들어 낸 아르텍의 실용적인 가구 디자인은 급속도로 회사가 확장할 수 있는 이유가 됐다. 또한 1939년, 뉴욕 만국박람회에서의 핀란드 파사드 건축물은 공간과 물질적 사고를 동시에 이뤄낸 두 사람의 가장 성공적인 협업 프로젝트로 손꼽힌다. 당시 알토 부부의 차별점은 자연 소재와 유기적인 곡선, 자연 채광의 적극적인 활용, 무엇보다 사용자의 경험에 집중했던 인문학적인 시선이었다. 둘의 역사적인 협업의 결과물로는 파이미노 요양원, 비보르그 도서관 등이 있으며, 그렇게 건축과 디자인의 결합으로 국제적인 주목을 받게 된다. 두 사람은 25년이 넘는 협업을 이어 갔지만, 아이노가 암으로 사망하며 세기의 디자이너 듀오는 역사로 남게 된다.

　알바 알토는 불안정하지만 활기차며, 예측할 수 없는 인물이었던 반면, 아이노 알토는 강단 있고 부지런하며, 절제된 면을 가진 여성이었다. 둘은 서로에게 동업자로도, 연인으로도 가장 잘 맞는 파트너였다. 아이노는 사회에 관심이 많아 핀란드 여성 건축가 협회의 작업에 참여하기도 하는 등 적극적인 사람이었고, 알바는 그녀의 약하고 거친 면까지 사랑했다. 알바 알토와 아이노 알토는 첫 만남에 서로가 꿈과 삶을 함께 만들어 갈 동반자가 될 것임을 확신했지만, 알토의 사교적인 성격 탓에, 두 사람의 결혼 말년은 차갑게 식어갔다. 그러나 두 사람은 일적인 면에서는 서로를 의지하며 존중하는 관계였다. 두 사람에게 '함께 그리는 삶'이란, 사랑과 우정 그 너머의 욕심과 책임감 같은 게 존재했던 게 아닐까. Words by 조은나래

아이노 알토&알바 알토

Della,
I sold the watch
to get the money
to buy the combs.

from book 『The Gift of the Magi』, O. Henry

델라, 머리빗 살 돈을 마련하려고 시계를 팔았어요.
오 헨리 『크리스마스 선물』 중에서

Don't look at me like that. My hair grows so fast Jim.

from book 『The Gift of the Magi』, O. Henry

짐, 그렇게 보지 마세요. 제 머리카락은 정말 빨리 자라요.

오 헨리 『크리스마스 선물』 중에서

BEING WISE, THEIR GIFTS POSSIBLY BEARING THE P IN CASE OF DUPLICATION.

O. Henry, 1862–1910

RE NO DOUBT WISE ONES,
LEGE OF EXCHANGE

상대방을 위해 자신의 소중한 보물을 내어준 부부, 이들은 그 누구보다 현명했다.
오 헨리, 소설가, 1862-1910

"A day
without friend
is like a pot
without a single
drop of honey
left inside."
said Pooh.

from book 『Winnie The Pooh』, A.A Milne

"친구 없는 날은 마치 꿀 한 방울도 남지 않은 항아리 같아." 푸는 말했다.
A.A 밀른 『Winnie The Pooh』 중에서

You don't need someone to make you perfect. You just need someone to accept your imperfections.

from movie <Tangled> (2011)

당신을 완벽하게 만들어줄 사람은 필요없다. 당신의 완벽함을 받아줄 누군가가 필요할 뿐이다.

영화 <라푼젤> (2011) 중에서

To help a friend in need is easy, but to give him your time is not always opportune.

Charlie Chaplin, 1889~1977

친구가 어려울 때 돕기는 쉽지만, 당신의 시간을 친구에게 내주는 게 항상 시의적절할 수는 없다.

찰리 채플린, 배우·코미디언, 1889 ~1977

Sometimes you have to reach into someone else world to find out what's missing in your own.

from movie <The Intouchables> (2011)

때로는 자신의 세계에서 부족한 부분을 찾기 위해 다른 사람의 세계로 들어가야 할 때도 있습니다.

영화 <언터처블 1% 우정> (2011) 중에서

*I never had friends
like them again*
when I was 12 years old.

from movie <Stand by me> (2019)

12살 때의 그 애들 같은 친구가 나에게 다시는 생기지 않았다.
영화 <스탠 바이 미> (2019) 중에서

You guys are the best gift
I've ever gotten,
even if it's a pretty ugly face.

from movie <Last Veagas> (2013)

너희들은 내 인생 최고의 선물이야. 얼굴은 참 후졌지만 말이야.

영화 <라스트베가스> (2014) 중에서

98

Collection

You're my best friend.

I hated you,

but you were

the only one I had.

from movie <Soul Mate> (2016)

넌 내 최고의 친구야. 난 널 미워했지만 그래도 나한텐 너뿐이었어.
영화 <안녕, 나의 소울메이트> (2017) 중에서

I'll be right here.

from movie < E.T> (1982)

함상 네 곁에 있을게...
영화 <E.T> (1982) 중에서

It's nice to have someone that will just sit and listen to you.

from movie <The Penuts Movies> (2015)

그냥 옆에 앉아 네 이야기를 들어 줄 누군가가 있다는 건 정말 좋은 거야.
영화 <더 피너츠 무비>(2015) 중에서

Count your age by
Count your life b

iends, not years.
miles, not tears.

John Lennon, 1940-1980

연도가 아닌 친구로 나이를 계산하세요. 슬픔이 아닌 기쁨으로 당신의 삶을 돌아보세요.
존 레논, 가수, 1940-1980

당신의 마음을 울린 문장들을 적으며, 자신만의 '우정'을 정의해 보세요.

Writing Note

Writing Note

Writing Note

Writing Note

Index

A	Abraham Lincoln	에이브러햄 링컨	1809~1865	미국의 제16대 대통령. 남북 전쟁을 승리로 이끌며 점진적인 노예 해방을 이뤘다.
	Albert Camus	알베르 카뮈	1913~1960	프랑스의 소설가이자 극작가로, 1942년 『이방인』 발표를 시작으로 부조리한 인간과 사상에 대해 이야기했다.
	Albert Einstein	알버트 아인슈타인	1879~1955	현대 물리학의 기둥으로 여겨지는 '상대성 이론'을 발표한 독일 태생의 이론물리학자이다.
	Alexander Pope	알렉산드라 포프	1688~1744	영국의 시인이자 비평가, 대표작으로는 풍자시 『우인열전』이 있으며, 철학시 『인간론』은 표현의 묘사가 뛰어난 역작으로 평가받는다.
	Ali-ibn-Abi-Talib	알리 이븐 아비 탈리브	AD 599~661	이슬람의 선지자 무함마드를 계승한 4명의 정통 칼리파 중 4대 칼리파다. 무함마드의 혈통을 지지하는 시아파는 그를 지도자로 추종했다.
	Alice Walker	앨리스 워커	1944-	미국의 현대 문학을 대표하는 작가이자 운동가. 인종과 성에 관련한 소설을 써왔으며 대표작으로는 『컬러 퍼플』로 흑인 여성 최초 퓰리처상을 수상하며 세계적인 작가가 되었다.
	Aristoteles	아리스토텔레스	BC 384~322	그리스의 정치철학가로, 과학, 문학, 윤리학 등 다양한 주제로 책을 저술하였다. 스승인 플라톤과 함께 서양철학사에서 가장 중요한 인물로 꼽는다.
	Arthur Brisbane	아서 브리즈번	1864~1936	미국의 저널리스트. 퓰리처의 <뉴욕 월드>의 편집장이 되어 허스트의 <저널>과 치열하게 경쟁하였다. 이후 <뉴욕 이브닝 저널>로 옮기며 허스트 신문에 20여 년 동안 글을 집필하고 명성을 누렸다.
B	Ben Jonson	벤 존슨	1572~1637	영국의 극작가이자, 시인, 비평가로 셰익스피어와 동시대에 활약한 문인이다. 특히 현대 풍속희극을 이끄는 영국 정통 희극을 이끈 주요한 인물이다.
	Benjamin Franklin	벤자민 프랭클린	1706~1790	미국 건국의 아버지 중 한 명이자 미국의 초대 정치인으로 미국 독립에 중요한 역할을 했다.

Index

	Beopjeong	법정 스님	1932~2010	무소유의 정신을 널리 알린 승려로, 1932년 태어나 대한민국의 근현대사를 겪으며 수십 권의 저서를 통해 자신의 철학을 전파했다.

C   C.S. Lewis   C. S. 루이스   1898~1963   영국의 소설가이자 기독교 사상가. 케임브리지 대학교에서 철학과 르네상스 문학을 가르쳤다. 환상소설 『나니아 연대기』로 유명하다.

Carlos Ruiz Zafón   카를로스 루이스 사폰   1964~2020   시나리오 작가로 데뷔한 그는 미스터리 소설 '안개 3부작'의 인기로 세계적인 작가 반열에 올랐으며, 현재는 스페인 최고의 소설가로 평가받는다.

Charlie Chaplin   찰리 채플린   1889~1977   영국의 배우, 코미디언이자 영화감독. 무성 영화 시기 비애감이 담긴 슬랩스틱 코미디로 크게 활약하여 영화 역사상 가장 중요한 인물로 꼽힌다. 자신의 영화 대부분을 직접 감독했을 정도로 완벽주의를 고집했다.

Charlotte Brontë   샬롯 브론테   1816~1855   영국의 소설가로, 『제인 에어』의 저자로 알려져 있다. 문학계에 한 획을 그은 브론테 자매 중 한 명으로, 어린 시절부터 공상력과 분방한 상상력을 지녀 스스로 글을 쓰는 습관을 터득하였다.

Chuck Palahniuk   척 팔라닉   1962~   1962년 우크라이나계 미국인으로 태어나, 저널리즘을 공부하였으며 그의 저서로는 『파이트클럽』이 있다. 이는 후에 브래드 피트 주연 영화로 개봉되어 엄청난 인기를 누렸다.

Cicero   키케로   BC 106~43   고대 로마의 정치가 겸 저술가. 로마 역사의 공화정 몰락과 제정의 탄생을 두 눈으로 목격하였으며, 탁월한 웅변 실력과 행정 능력을 지녔다고 알려져 있다.

Coco Chanel   코코 샤넬   1883~1971   본명 가브리엘 샤넬로, 20세기 여성 패션의 혁신을 선도했다. 답답한 속옷과 장신구가 많은 옷에서 여성을 해방하였으며, 활동적이면서 여성성이 담긴 옷을 만들었다. 그의 이름을 딴 브랜드 '샤넬'은 오늘날까지도 많은 이들의 사랑을 받고 있다.

Confucius   공자   BC 551~479   동아시아 인문주의의 원형이 된 고대 중국의 사상가이다.

Index

D Dale Breckenridge Carnegie 데일 카네기 1888–1955 미국의 처세술 전문가로, 카네기 연구소를 설립해 인간 경영과 자기 계발 분야에서 기념비적인 업적을 남겼다.

Diane Von Furstenberg 다이앤 본 퍼스탠버그 1946– 미국 디자이너로, 그녀만의 독특한 랩 드레스로 유명하다. 독특한 패턴과 컬러 활용하여 디자인을 전개하고 있다.

Doris Lessing 도리스 레싱 1919–2013 영국의 소설가이자 산문작가. 현대의 사상, 제도, 관습 속에 담긴 편견과 부조리함을 규명하며 사회성 짙은 작품세계를 보여주었다.

E E.B. White E.B. 화이트 1899–1985 잡지 <뉴요커>의 필자로, 편집인으로 오랫동안 활동했다. 그의 대표작으로는 『샬롯의 거미줄』이 있으며, 이 작품으로 미국 어린이 문학 발전에 위대한 공헌을 했다.

Elbert Hubbard 엘버트 허버드 1856~1915 미국에서 태어나, 젊은 시절 세일즈맨으로 성공을 거두었으나 이에서 더 나아가 자신의 출판사를 설립한다. 후에 경영인 이자 에세이스트로서 삶을 영위해나갔다.

Emile Zola 에밀 졸라 1840–1902 19세기 프랑스 소설의 시대를 연 인물로, 자연주의 문학의 대표주자로 여겨진다. 그의 대표작으로는 『나나』, 『제르미날』 등이 있다.

F F. Scott Fitzgerald F. 스콧 피츠 제럴드 1896–1948 20세기 미국 문학의 걸작으로 뽑히는 『위대한 개츠비』를 쓴 소설가이다.

Francois de la Rochefoucauld 프랑수아 드 라 로슈푸코 1613–1680 17세기 프랑스의 고전작가로, 당시 살롱에서 유행하던 문학양식에 따라 간결하고 명확한 문체로 인간 심리의 미묘한 심층을 파헤쳤다.

Franklin Roosevelt 프랭클린 루스 벨트 1882–1945 미국 제32대 대통령. 대공황과 제2차 세계대전이라는 두 차례의 국난을 안정적으로 극복하여 20세기를 대표하는 인물 중 한 사람으로 꼽힌다.

Friedrich Wilhelm Nietzsche 프레드리히 빌헬름 니체 1844–1900 '망치를 든 철학자'라고 불린 독일의 철학자. 서구의 오랜 전통을 깨고 새로운 가치를 세우고자 했다.

Index

G George Eliot | 조지 엘리엇 | 1819~1880 | 영국의 소설가로, 심리 묘사와 도덕, 예술에 대한 지적 관심으로 선구적 역할을 한 것으로 평가된다. 그의 대표작으로는 『미들마치』, 『다니엘 데론다』 등이 있다.

George Herbert | 조지 허버트 | 1593~1633 | 영국의 종교시인으로 귀족 집안에서 태어나 학식과 인격을 인정받아 뜻하는 바에 따라 영국 국교회에 들어갔다. 뛰어난 종교시와 산문으로 교구민을 위해 남은 인생을 바쳤다.

George R.R. Martin | 조지 R.R. 마틴 | 1948- | 판타지 소설에 새로운 지평을 열었다고 평가받는 그는 상상력과 엄청난 흡입력을 지닌 인물이다. 그의 대표 저서로는 『라이라의 노래』, 『모래왕』 등이 있으며, 휴고상과 네뷸러상을 동시에 수상하는 명예를 안았다.

George Washington | 조지 워싱턴 | 1732~1789 | '미국 건국의 아버지'라 불리는 조지 워싱턴은 미국 초대 대통령이다. 젊은 시절부터 사회적으로 성공하는 것에 뜻을 품어 정치에 도전했다. 새로운 민주정부 체제 아래 전례 없는 역사를 만들어 나간 인물이다.

H Hanya Yanagihara | 한야 야나기하라 | 1974- | 미국 소설가, 편집자, 여행 작가다. 하와이에서 자랐으며, 2015년 부커상 최종 후보에 오른 베스트셀러 소설 『작은 인생』과 <T 매거진>의 편집장으로 잘 알려져 있다.

Helen Keller | 헬렌 켈러 | 1880~1968 | 세계 최초로 대학교육을 받은 시각, 청각 장애인으로 소외된 사람들의 인권을 위해 사회운동을 펼쳤다.

Henry David Thoreau | 헨리 데이비드 소로우 | 1817~1862 | 자신을 신비주의자, 초절주의자, 자연철학자로 표현한 19세기 작가로 인간과 자연의 관계를 주제로 작품 활동을 했다.

Henry Louis Mencken | 헨리 루이스 멩켄 | 1880~1956 | 미국의 문예비평가. <아메리칸 머큐리>지를 창간했으며, 미국 문화 전반에 대해 준엄하게 비판하는 한편, 미국 문학의 독립을 주장해 신흥 문학 육성에 큰 역할을 했다.

Hermann Hesse | 헤르만 헤세 | 1877~1962 | 휴머니즘을 지향한 작가. 『수레바퀴 아래서』, 『데미안』 등의 작품을 통해 인간 해방과 자유에 대해 이야기했다.

J Jane Austen | 제인 오스틴 | 1775~1817 | 영국의 소설가로 대표작 『오만과 편견』을 썼다. 그의 작품은 특히 20세기에 들어서면서 높이 평가되었다.

Index

	Jess C Scott	제스 스콧	1986-	제스의 소설과 논픽션은 다양한 온라인 잡지와 문학 저널에 게재되었다. 특유의 심리스릴러 작품은 독자 및 평론가들에게 호평을 받는다. 사이버펑크 소설 『The Other Side of Life』을 썼다.
	Jim Morrison	짐 모리슨	1943-1971	미국 록 밴드 '더 도어스'의 리드 싱어이자 작곡가로 유명하다. 시인이자 작가로서 여러 시집을 여러 시집을 썼으며 다큐멘터리, 단편 영화의 감독을 맡기도 했다.
	John Churton Collins	존 철튼 콜린스	1848~1908	영국의 작가이자 비평가. 다양한 영국 고전 작가들과 영문학에 대해 연구하며, 연구집을 출간했다. 그의 독창적인 에세이는 논조가 날카롭지만, 지식이 가득하다는 평을 받는다.
	John D. Rockefeller	존 D. 록펠러	1839~1937	미국의 사업가이자 대부호. '스탠더드 오일'을 창립, 석유 사업으로 많은 재산을 모아 역대 세계 최고의 부자로 손꼽히는 인물이다.
	John Lennon	존 레논	1940-1980	비틀스의 창립 멤버이자 영국의 싱어송라이터. 그의 마지막 음반 <Double Fantasy>는 제24회 그래미 어워드에서 올해의 음반을 수상하기도 했다.
	John Singer Sargent	존 싱어 사전트	1856~1925	미국의 대표적인 초기 인상주의 화가 중 한 사람이다. 전통적인 형식에서 벗어난 기법과 색채 등 고유의 영역을 개척했다.
K	Kurt Cobain	커트 코베인	1967~1994	1990년대 미국 언더네티브 문화의 상징적인 밴드였던 너바나의 리더로 'X세대의 대변자'로도 불렸다.
L	Lee O-young	이어령	1934~2022	이 시대의 시인이자, 언론인, 교육자였다. 살아생전 귀감이 되는 좋은 글을 다수 남겼으며, 삶의 마지막 사람들에게 '너무 아름다웠고, 정말 고마웠다'는 말을 전했다.
	Louisa May Alcott	루이자 메이 올컷	1832-1888	집안의 어려운 형편 때문에 교사, 하녀 등의 직업을 전전하면서도 천부적인 문학적 재능을 살려 잡지나 신문에 글을 기고했다. 기고 글이 주목받기 시작했고, 그 후 『작은 아씨들』로 큰 성공을 거둔다.
M	Mario Puzo	마리오 푸조	1920-1999	『대부』를 쓴 미국의 작가. 이 소설은 67주 동안 <뉴욕타임스> 베스트셀러에 올랐고 세계적으로 2,100만 부 이상 팔린 작품이다.

Index

	Mark Twain	마크 트웨인	1835~1910	『톰소여의 모험』으로 잘 알려져 있는 미국의 소설가. 여러 작품을 통해 반제국주의, 반전에 대한 메시지를 전하기도 했다.
	Marlene Dietrich	마를레네 디트리히	1901~1992	독일 출신 배우 겸 가수 이다. 조셉 폰 스턴버그가 감독한 일련의 영화에 '팜므 파탈'의 이미지를 가진 배역으로 출연해 세계적인 스타가 되었다. 나치 독일에 반발해 미국으로 떠났으며, 2차 세계 대전 중에는 위문 공연을 벌이기도 했다.
	Maya Angelou	마야 안젤루	1928~2014	미국의 시인이자 소설가로, 토니 모리슨, 오프라 윈프리와 함께 미국에서 가장 영향력 있는 흑인 여성 중 한 명으로 꼽힌다.
	Muhammad Ali	무하마드 알리	1942~2016	30년 동안 파킨슨 병으로 투병하면서도 위상을 날렸던 미국의 전직 권투 선수이다.
O	O Henry	오 헨리	1862~1910	따뜻한 휴머니즘을 묘사한 『마지막 잎새』를 쓴 미국의 소설가. 10년 남짓한 작가활동 기간 동안 300편 가까운 단편 소설을 남겼다.
	Oprah Winfrey	오프라 윈프리	1954~	20년 동안 토크쇼 '오프라 윈프리쇼'를 진행한 미국의 대표 방송인이다. 20세기 가장 부유한 흑인계 미국인으로 꼽히며, 상위 자산가이기도 하다.
	Orson Welles	오슨 웰스	1915~1985	미국의 배우, 영화 감독, 프로듀서이자 각본가이다. 1938년 머큐리 극단을 이끌고 제작한 라디오 드라마 《우주 전쟁》으로 유명하다.
	Oscar Wilde	오스카 와일드	1854~1900	아일랜드 출생의 극작가이자 소설가, 시인으로 19세기 말 유미주의를 대표하는 작가이다.
	Osho Rajneesh	오쇼 라즈니쉬	1931~1990	인도의 철학자이다. 1960년대에 철학 교수로서 인도를 돌아다니며 대중을 상대로 강연을 했다. 사회주의와 간디 및 기성 종교에 반대한 인물이기도 하다.
P	Platon	플라톤	BC 428~348	고대 그리스의 철학자. 객관적 관념론의 창시자로 소크라테스의 제자이다. 아테에 교외에 아카데미아를 열어 교육에 임했다.
	Publilius Syrus	퍼블릴리어스 사이러스	BC 85~43	라틴어 작가로 그의 희곡과 원작은 시간에 지남에 따라 두 점밖에 남지 않았지만, 삶과 죽음, 성공과 인간관계 등 수많은 도덕적 격언, 명언이 널리 쓰이고 있다.

Index

R	Rainer Maria Rilke	라이너 마리아 릴케	1875~1926	독일의 시인이자, 조각가 로댕의 비서로서 대표작으로는 『말테의 수기』가 있다.
	Ralph Waldo Emerson	랄프 왈도 에머슨	1803~1882	미국의 대표 철학가이자 시인으로, 정신과 물질의 관계를 철학의 영원한 문제라고 보았다. 『자연론』을 저술했다.
	Randy K. Milholland	랜디 K 멀홀랜드	1999 –	미국의 웹코믹(웹만화) 작가. 그의 작품으로는 <Something Positive>, <New Gold Dreams>, <Midnight Macabre> 등이 있다. 2022년 뽀빠이 탄생 93주년을 맞아 선임자가 은퇴하면서 그 자리를 이어받았다.
	Rebecca West	레베카 웨스트	1892~1983	20세기 영국의 작가이자 문학비평가. 여행기도 저술하였으며 각종 시사지에 수많은 도서 비평을 게재했다. 그의 주요작에는 여성주의와 사회주의를 지지하는 내용을 주로 다뤘다.
	Richard Bach	리처드 바크	1936 –	미국의 비행사이자 작가. 작가 활동 초기에는 비행기에 관한 작품을 쓰고 있었지만, 1970년 발표한 『갈매기의 꿈』은 서서히 인기를 끌어 베스트셀러가 되었다. 주로 비행과 동물에 대한 내용을 다룬다.
S	Sallust	살루스트	BC 86~34	로마 평민 가문 출신의 역사가이자 정치가. 시조 음모에 관한 『카틸리네의 음모』, 시조 전쟁에 관한 『유구르티네 전쟁』, 『역사』를 라틴어로 기록한 남긴 로마 역사가이다. 그의 이름을 제목으로 한 작품이 남아있다.
	Samuel Johnson	새뮤얼 존슨	1709~1784	근대적인 영어사전을 만들어, 영문학에 크게 이바지한 영국의 시인이자 평론가이다.
	Sarah Dessen	사라 데센	1970~	현대에 인기 있는 청소년 소설 작가 중 하나이다. 『The summer』라는 책으로 글을 인정받았으며, 그의 소설은 맨디 무어의 주연 영화 《How to deal》의 토대가 되었다.
	Sidonie Gabrielle Colette	시도니 가브리엘 콜레트	1873~1954	프랑스의 소설가. 작품의 초반 경향은 자서전적이었으나, 분방한 상상력을 구사하여 남녀의 애정과 욕망 그 미묘함을 묘사하는 심리소설을 전개해 갔다.

Index

	Socrates	소크라테스	BC 470~399	고대 그리스의 철학자. 윤리학을 철학에 도입한 인물이다. 플라톤의 스승으로, 그의 기록으로만 전해지고 있으며 역사상 소크라테스의 철학적 관점에 대한 정확한 설명은 상당한 논쟁거리로 남아있다.
	Stephen Chbosky	스티븐 크보스키	1970–	미국의 영화 제작자이자 극작가. 베스트셀러 성장 소설 『월플라워』를 집필하고 2012년 이 책을 영화화한 각본과 연출을 맡은 것으로 가장 잘 알려져 있다. 최근 대표작으로는 영화 《미녀와 야수》와 《원더》가 있다.
T	Tennessee Williams	테네시 윌리엄스	1911–1983	현대 미국의 대표적인 극작가로 그의 작품은 대부분 가족 내에 존재하는 불안한 감정 및 해소되지 못한 성을 중점적으로 그린다. 반복법, 미국 남부의 억양, 괴기스러운 배경에 대한 프로이트식 해석으로 유명하다.
	Thomas Fuller	토마스 퓰러	1608~1661	영국의 역사학자이자 성직자. 그는 글만으로 생계 유지가 가능했던 최초의 영국작가였으며 후원자가 많았다. 1662년 작 『Worthies of England』으로 유명하다.
	Toni Morrison	토니 모리슨	1931–2019	1993년 노벨문학상을 수상한 미국 작가이며, 편집자이자 교수이다. 작품 『Be loved』로 퓰리처상을 받았으며, 영화화되기도 하였다. 뉴욕타임스는 "비판적이면서도 상업적 성공까지 이룬 드문 작가"라 평했다.
	Trey Parker	트레이 파커	1969~	미국의 만화영화 제작자, 시나리오 작가, 영화감독이자 음악가이다. 아카데미상 후보에 오르는가 하면, 미국의 4대 연예 시상식 중 하나인 에미 어워드에서 수상하기도 하였다.
	Tucydides	투키디데스	BC 465~400	그리스 아테네의 역사가. 펠로폰네소스 전쟁에 종군 활동을 하였다. 그의 정치철학은 현실주의 국제정치관의 인식론적 기초를 뒷받침하고 있다. 아테네의 시칠리아 원정의 실패에 성찰은 그의 중요한 논제이다.
V	Vincent van Gogh	빈센트 반 고흐	1853–1890	네덜란드 후기 인상주의 화가. 서양 미술사상 가장 위대한 화가 중 하나로 손꼽힌다. 두드러진 색채와 강렬한 붓 터치로 수많은 걸작을 남겼다.
W	Walter Dean Myers	월터 딘 마이어	1937–2014	미국의 동화 작가로 청소년 문학으로 명성을 얻었다. 그림책과 논픽션 등 100권이 넘는 책을 썼으며, 아프리카계 미국인 작가에게 수여하는 코레타 스콧 킹 상을 다섯 번 수상했다.

Index

Walter Winchell	월터 윈첼	1897~1972	미국 가십 저널리즘의 원조, 1920년대에서 1950년대 사이 공격적이고 자극적인 표현으로 라디오와 신문의 가십 컬럼니스트로 악명을 떨친 인물이다.
Warren Buffett	워런 버핏	1930~	'투자의 귀재'로 불리는 미국의 사업가이자 투자자이다. 뛰어난 투자 실력과 기부 활동으로 인해 '오마하의 현인'이라 불린다.
William Blake	윌리엄 블레이크	1757~1827	영국의 화가, 삽화가이자 시인이다. 마음속에 그리던 환상을 기초로 한 주제로 당대에는 없던 새로운 분야를 창조해 세계의 주목을 받았다. 화가뿐 아니라 작가로서도 유명해 두 직업은 서로 공생하는 좋은 수단이었다.
William Shakespeare	윌리엄 셰익스피어	1564~1616	영국이 낳은 세계 최고의 극작가 《로미오와 줄리엣》, 《베니스의 상인》 등 인간 내면을 통찰한 걸작을 남겼다.

일러두기
* 단행본은 『 』, 잡지와 음반은 〈 〉, 영화는 《 》로 표기했다.
* 외래어 표기는 국립국어연구원의 외래어표기법을 기본으로 하되, 통용되는 일부 표기는 허용했다.

Reference

《E.T》	이티	1982	스티븐 스필버그의 영화로 지구에 남겨진 외계인이 한 가정집에 숨어들면서 꼬마 엘리어트와 조우하며 펼쳐지는 이야기를 담은 영화이다.
《Last Vegas》	라스트베가스	2014	로버트 드니로, 모건 프리먼 주연의 영화로, 58년 우정을 이어오던 4명의 중년이 라스베가스에서 모여 노는 이야기를 다룬 영화이다.
《Soulmate》	안녕, 나의 소울메이트	2017	14년이라는 시간 동안 때로는 함께였고, 또 때로는 엇갈리며 닮아갔던 두 소녀의 청춘을 담은 영화이다.
《Stand by me》	스탠 바이 미	1986	스티븐 킹의 소설 『사계』의 단편인 '시체'에서 영감을 받아 만들어진 작품으로, 12살이 된 4명의 아이들이 똘똘 뭉쳐 보냈던 청소년기를 회상하는 내용의 영화이다.
《The Eight Day》	제8요일	1996	사회적으로 성공했지만, 따뜻한 가족의 품을 그리워하는 은행 직원 '아리'와 다운 증후군으로 요양원 생활을 이어가는 '조르주'. 이 둘이 우연한 계기로 동행하게 되어, 서로의 아픔을 위로하며 둘도 없는 친구가 되어 가는 내용의 영화이다.
《Tangled》	라푼젤	2011	정해진 틀에서 벗어나, 세상을 향한 모험을 떠난 라푼젤과 그 과정에서 겪는 다이내믹한 사건들로 이루어진 영화이다.
《The Peanuts Movie》	더 피너츠 무비	2015	미국의 연재 만화 <피너츠>의 작가 찰스 슐츠의 작품을 영화화한 것으로 3D 애니메이션으로 재탄생되었다.
《The Intouchables》	언터처블 1%의 우정	2011	하루 24시간 돌봐주는 손길이 필요한 전신 불구의 백만장자와 가진 건 건강한 신체가 전부인 무일푼 백수의 우정 영화이다.
『The Gift of the Magi』	크리스마스 선물	1995	가난한 부부의 진실된 사랑 이야기, 크리스마스 전날 선물을 사기에는 턱없이 부족한 상황에서 자신의 소중한 것을 내어 서로를 위한 선물을 준비하는 이야기를 담고 있다.
『Winnie The Pooh』	곰돌이 푸	1926	영국 최고의 판타지작으로 A.A 밀른이 아들 크리스토퍼 로빈의 장난감 인형들을 주인공으로 쓴 동화이다.

Credit

발행처 어반북스
발행인 이윤만
편집장 김태경
기획 아틀리에 드 에디토
책임편집 조은나래, 하수민
디자인 고와서
사진제공 (재)환기재단·환기미술관, Alvar Aalto foundation

주소 경기도 하남시 미사대로 540 B동 328호
홈페이지 urbanbooks.co.kr
이메일 info@urbanbooks.co.kr
연락처 070-8639-8004
ISBN 979-11-89096-40-3

『문장수집가』 시리즈는 에디터의 시선으로 넘쳐나는 언어의
홍수 속에서 발견한 사유의 문장들을 그래픽 디자이너의
동시대적인 감각으로 선보입니다. @atelier_de_edito

문장수집가 No. 5
2023년 12월 04일 초판1쇄 인쇄
2023년 12월 18일 초판1쇄 발행
가격 18,500원